5/06

P9-CDX-443

EL CUERPO DE LOS INSECTOS

Molly Aloian y Bobbie Kalman

🍄 Crabtree Publishing Company

www.crabtreebooks.com

EL CUERPO DE LOS INSECTOS

Creado por Bobbie Kalman

Dedicado por Samantha Crabtree
A mis padres, Bobbie y Peter, gracias por su amor incondicional.

Editora en jefe
Bobbie Kalman

Equipo de redacción
Molly Aloian
Bobbie Kalman

Editora de contenido
Kathryn Smithyman

Editoras
Kristina Lundblad
Kelley MacAulay

Diseño
Margaret Amy Reiach
Samantha Crabtree (portada)
Mike Golka (logotipo de la serie)

Coordinación de producción
Katherine Kantor

Investigación fotográfica
Crystal Foxton

Consultora
Patricia Loesche, Ph.D., Programa sobre el comportamiento de animales,
Departamento de Psicología, University of Washington

Consultor lingüístico
Dr. Carlos García, M.D., Maestro bilingüe de Ciencias, Estudios Sociales y Matemáticas

Ilustraciones
Barbara Bedell: páginas 4 (todas excepto la lepisma), 23, 28,
    29 (todas excepto el ciempiés), 30 (hormigas), 31 (hormigas y mariquitas)
Antoinette "Cookie" DeBiasi: página 14 (probóscides)
Katherine Kantor: páginas 5 (libélula y mosquitos), 31 (libélula)
Margaret Amy Reiach: páginas 4 (lepisma), 5 (mariposas), 6, 7, 10, 11, 13,
    14 (mariposa en la flor), 15, 16, 29 (ciempiés), 30 (mariposa), 31 (mariposa)
Bonna Rouse: páginas 19, 30 (escarabajo)
Tiffany Wybouw: páginas 5 (avispa), 31 (avispa)

Imágenes de Brand X Pictures, Corel, Digital Vision,
    Otto Rogge Photography y Photodisc

Traducción
Servicios de traducción al español y de composición de textos
    suministrados por translations.com

Crabtree Publishing Company

www.crabtreebooks.com   1-800-387-7650

Cataloging-in-Publication Data
Aloian, Molly.
    [Insect bodies. Spanish]
    El cuerpo de los insectos / written by Molly Aloian and Bobbie Kalman.
        p. cm. -- (El mundo de los insectos)
    Includes index.
    ISBN-13: 978-0-7787-8496-8 (rlb)
    ISBN-10: 0-7787-8496-7 (rlb)
    ISBN-13: 978-0-7787-8512-5 (pbk)
    ISBN-10: 0-7787-8512-2 (pbk)
    1. Insects--Anatomy--Juvenile literature. I. Kalman, Bobbie, 1947- II.
Title. III. Series.
    QL494.A4618 2005
    571.3'157--dc22
                                        2005036519
                                            LC

**Publicado en
los Estados Unidos**

PMB16A
350 Fifth Ave.
Suite 3308
New York, NY
10118

**Publicado en
Canadá**

616 Welland Ave.,
St. Catharines, Ontario
Canada
L2M 5V6

**Publicado en el
Reino Unido**

White Cross Mills
High Town, Lancaster
LA1 4XS
United Kingdom

**Publicado en
Australia**

386 Mt. Alexander Rd.,
Ascot Vale (Melbourne)
VIC 3032

Contenido

¡Cuántos insectos!

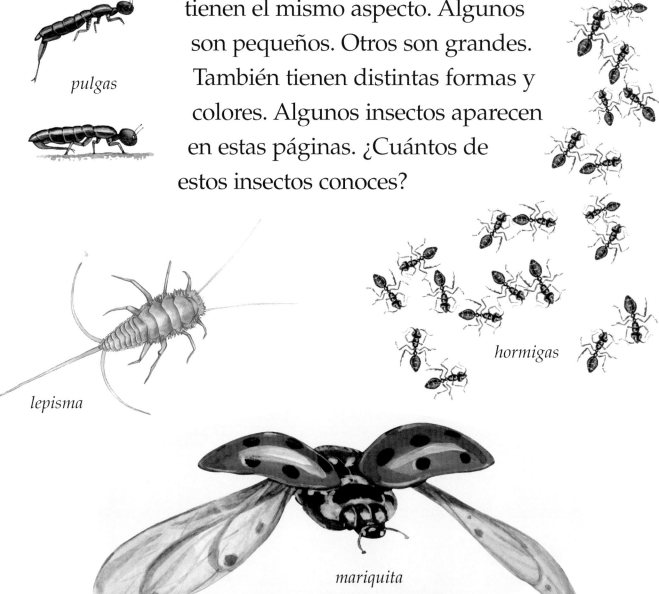

Los **insectos** son animales. Hay muchas clases de insectos. Todos no tienen el mismo aspecto. Algunos son pequeños. Otros son grandes. También tienen distintas formas y colores. Algunos insectos aparecen en estas páginas. ¿Cuántos de estos insectos conoces?

pulgas

lepisma

hormigas

mariquita

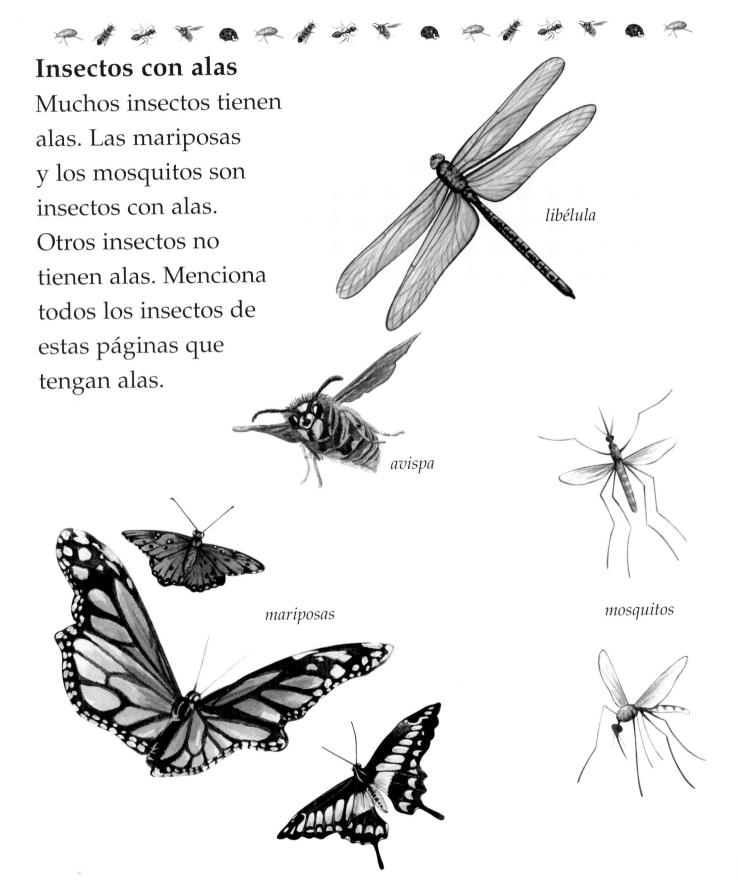

Insectos con alas

Muchos insectos tienen alas. Las mariposas y los mosquitos son insectos con alas. Otros insectos no tienen alas. Menciona todos los insectos de estas páginas que tengan alas.

libélula

avispa

mosquitos

mariposas

5

Los insectos son artrópodos

Los insectos pertenecen a un grupo grande de animales llamados **artrópodos**. El cuerpo de los artrópodos está formado por pequeñas partes llamadas **segmentos**, que se unen unos con otros. Observa la pata de esta avispa azul. Está formada por cinco segmentos que se unen unos con otros.

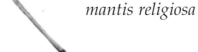

Articulaciones que se doblan

Los artrópodos tienen **articulaciones** que se doblan. Una articulación es un lugar en el que se unen dos partes del cuerpo. Las rodillas y codos son articulaciones. Muchos artrópodos tienen articulaciones en las patas, de la misma forma en que tú tienes articulaciones en las piernas y los pies. Para mover las patas, los artrópodos las doblan en las articulaciones.

mantis religiosa

cangrejo

langosta

¿Sabías que…?

Hay más de un millón de tipos de artrópodos en la Tierra. Los cangrejos, las arañas y las langostas son artrópodos pero no son insectos.

tarántula

7

Sin columna vertebral

Los insectos son **invertebrados**, es decir, animales que no tienen **columna vertebral**. La columna vertebral es un conjunto de huesos que se encuentra en la parte media de la espalda del animal. En lugar de columna vertebral, los insectos tienen una cubierta dura llamada **exoesqueleto**. El exoesqueleto está formado por un material duro llamado **quitina**. Los insectos producen quitina dentro del cuerpo.

La protección perfecta

Los insectos no podrían sobrevivir si no tuvieran exoesqueleto. El exoesqueleto les protege el cuerpo como si fuera una armadura. También los protege de los **depredadores**. Los depredadores son animales que cazan y se comen a otros animales.

El exoesqueleto cubre todo el cuerpo del insecto. Incluso cubre las patas y la cabeza.

Tres partes del cuerpo

El cuerpo de los insectos tiene tres partes principales: cabeza, **tórax** y **abdomen**. Cada sección tiene partes importantes.

antenas   *cabeza*   *tórax*

ojo

aparato bucal

La cabeza

Los ojos y el **aparato bucal** de los insectos están en la cabeza. En la cabeza también se encuentran dos **antenas** que le sirven al insecto para detectar las cosas que lo rodean.

El tórax

El tórax es la parte central del cuerpo de los insectos. Las patas y las alas están fijas al tórax.

El abdomen

El abdomen es la parte trasera del cuerpo de los insectos. Generalmente es la parte más grande del cuerpo. Los **órganos** de los insectos están dentro del abdomen.

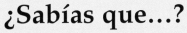

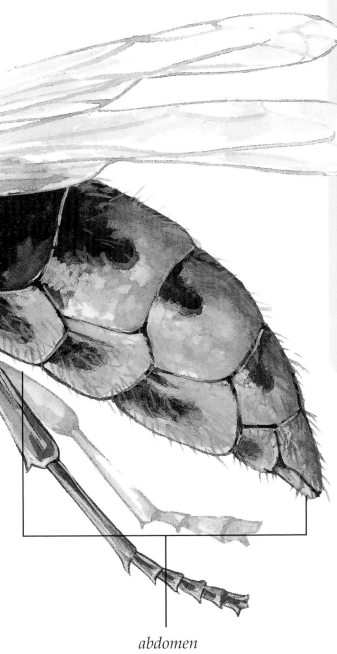

¿Sabías que...?

Los insectos tienen pequeños agujeros a cada lado del tórax y el abdomen. Estos agujeros se llaman **espiráculos**. Los insectos respiran a través de los espiráculos.

espiráculo

*Los pequeños puntos negros de esta **larva** son espiráculos. Una larva es una cría de insecto.*

abdomen

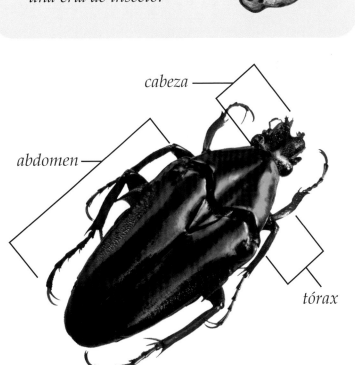

cabeza

abdomen

tórax

11

Los ojos de los insectos

Casi todos los insectos tienen dos **ojos compuestos**. Los ojos compuestos están formados por muchas partes llamadas **facetas**. Cuando un insecto mira una flor, cada faceta de sus ojos ve una parte diferente de la flor. Luego, el cerebro del insecto junta las partes para producir una imagen de toda la flor al mismo tiempo.

¿Sabías que…?

Los ojos de los insectos no se mueven de la misma forma que tus ojos. Los ojos compuestos son sobresalientes y le permiten al insecto ver casi todo lo que lo rodea sin que tenga que mover la cabeza.

Dos antenas

Los insectos tienen antenas que les sirven para detectar el mundo que los rodea. Las usan como órganos sensoriales. Cada tipo de insecto tiene un tipo distinto de antenas. Las antenas pueden ser largas o cortas, peludas o suaves.

El escarabajo de cuernos largos vive en lugares oscuros. Tiene antenas largas para detectar por dónde va en la oscuridad.

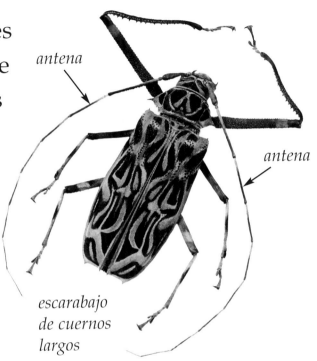

antena

antena

escarabajo de cuernos largos

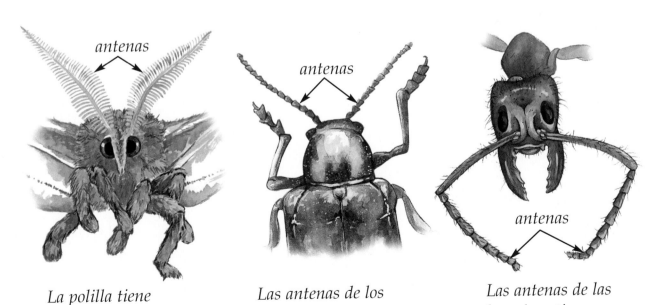

antenas

antenas

antenas

La polilla tiene antenas largas y peludas.

Las antenas de los escarabajos son **acanaladas** o rugosas.

Las antenas de las hormigas tienen pelos muy finos.

Aparato bucal

Todos los insectos tienen el aparato bucal en la cabeza. Lo usan para tomar, cortar, triturar o comer su alimento. El tamaño y la forma del aparato bucal varían.

El escarabajo tigre tiene un aparato bucal para tomar y masticar su alimento.

Para beber

Algunos insectos tienen un aparato bucal largo y delgado que parece una pajita. Este tipo de aparato bucal se llama **probóscide** y se usa para succionar líquidos.

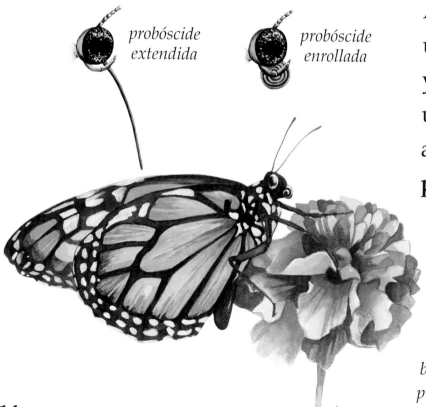

probóscide extendida

probóscide enrollada

*Esta mariposa está a punto de usar la probóscide para beber el **néctar** de una flor. Estirará la probóscide para llegar hasta el néctar. Luego de beberlo, la mariposa enrollará la probóscide nuevamente.*

14

¿Sabías que…?

Los hemípteros son una clase de insectos. Todos estos bichos tienen un aparato bucal especial para comer, que **perfora** o hace agujeros en la **presa**. Después de perforar, los hemípteros succionan el líquido del cuerpo de la presa a través de un tubo largo que tienen en la cabeza. El tubo se llama **rostrum**. Todos los hemípteros tienen rostrum.

Esta chinche usa el rostrum para alimentarse de una larva.

Seis patas

Todos los insectos tienen seis patas que están fijas al tórax. Unos insectos tienen patas largas y otros tienen patas cortas. Todos tienen patas que se doblan y les permiten moverse rápidamente de un lugar a otro. A los insectos voladores les sirven también para aterrizar de manera fácil y segura.

¿Sabías que...?
Los insectos corren moviendo tres patas a la vez. Mueven una pata de un lado del cuerpo y dos patas del otro lado. Luego, cambian de lado.

A remar

Los insectos que nadan tienen **patas traseras** largas. Los insectos nadadores usan las patas traseras como remos para moverse rápida y fácilmente en la superficie del agua. También las usan para sumergirse en el agua.

1, 2, 3… ¡salta!

Algunos insectos saltan para escaparse de los depredadores. Como los insectos nadadores, los saltadores también tienen patas traseras largas y fuertes que les permiten saltar y escapar del peligro.

Esta chinche acuática usa las patas traseras para sumergirse en el agua.

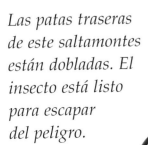

Las patas traseras de este saltamontes están dobladas. El insecto está listo para escapar del peligro.

17

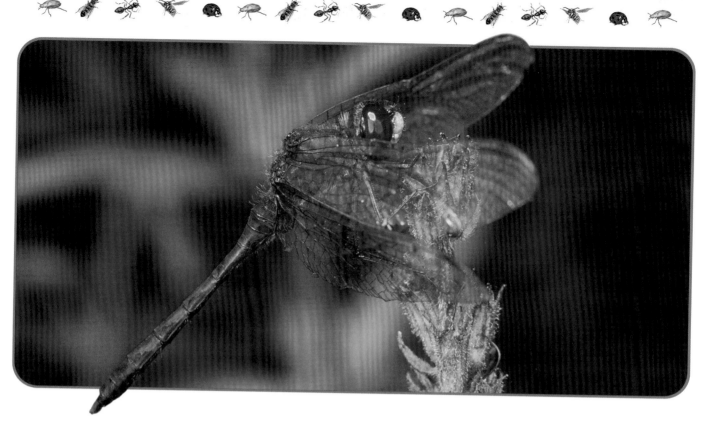

Alas para volar

La mayoría de los insectos tienen alas. Algunos tienen un par y otros tienen dos pares. Los insectos usan las alas para volar. Deben batirlas rápidamente para permanecer en el aire. El hecho de volar les permite escapar de los depredadores. Cuando un depredador está cerca, los insectos con alas pueden volar hasta un lugar seguro. Mira los insectos de esta página. ¿Cuál tiene dos pares de alas, la libélula de arriba o la mosca de la derecha?

mosca

Tipos de alas

Hay alas de todos los tamaños, formas y colores. Algunos insectos tienen alas de colores vivos. La mariposa de la derecha tiene alas coloridas. Algunos insectos tienen alas **transparentes**. Puedes ver a través de ellas. Las alas de la libélula de la página 18 son transparentes. No tienen colores vivos.

¿Sabías que...?

Los escarabajos tienen dos pares de alas. El par anterior o delantero está compuesto por alas duras llamadas **élitros**. Los élitros protegen el par de **alas posteriores** o traseras. Las alas posteriores se pliegan debajo de los élitros cuando los escarabajos no están volando.

élitros

alas posteriores

19

El alimento de los insectos

Cada tipo de insecto se alimenta de una comida distinta. Algunos comen partes de plantas y otros son depredadores. Los depredadores comen animales, ¡incluso otros insectos!

Herbívoros

Los insectos **herbívoros** comen plantas. La mayoría de los herbívoros no se comen toda la planta, sino ciertas partes, como las raíces, las hojas, la corteza o los tallos.

El insecto palo de Malaysia que ves arriba es un insecto herbívoro que come hojas. Usa el aparato bucal para cortar y masticar las hojas.

Comer animales

Algunos insectos comen animales como caracoles, gusanos e incluso otros insectos. Los insectos que comen otros animales se llaman **carnívoros**. La mosca que ves arriba es carnívora. Los insectos que comen plantas y animales se llaman **omnívoros**.

Insectos carroñeros

Los animales carroñeros comen plantas o animales muertos o a punto de morir. Las termitas son **carroñeras**. Comen árboles muertos o casi muertos. El escarabajo Nicrophorus americanus que ves abajo también es carroñero. Come animales muertos.

El escarabajo Nicrophorus americanus *es carnívoro y carroñero porque come animales muertos.*

Cambio total

La mayoría de los insectos nacen de huevos. Pasan por muchos cambios a medida que se transforman de crías en adultos. Estos cambios se llaman **metamorfosis**. La palabra "metamorfosis" significa "cambio de **forma**". Hay dos tipos principales de metamorfosis: **metamorfosis completa** y **metamorfosis incompleta**. Los insectos que sufren metamorfosis completa pasan por cuatro etapas de cambios: huevo, larva, **pupa** y adulto. Los que sufren metamorfosis incompleta pasan por tres etapas de cambios: huevo, **ninfa** y adulto.

¿Sabías que...?

Cuando las crías de insectos crecen, el exoesqueleto no les crece al mismo tiempo. Las crías deben **mudar**, es decir, deben liberar el exoesqueleto y formar una nueva cubierta. Todas mudan para poder crecer. La oruga de la izquierda acaba de mudar.

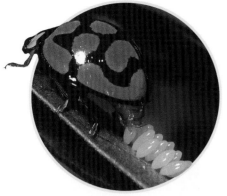

La mariquita hembra pone sus huevos en un lugar seguro.

Grandes cambios

La mariquita es un insecto que sufre metamorfosis completa. Observa las imágenes de esta página para ver cómo le cambia totalmente el cuerpo antes de convertirse en un insecto adulto.

De cada huevo sale una larva. El cuerpo de la larva tiene un aspecto muy diferente del cuerpo de la mariquita adulta. La larva come y crece todos los días. A medida que crece, tiene mudas.

La larva fabrica un capullo duro y protector a su alrededor. Ahora es una pupa. Cuando el insecto es una pupa, no come ni se mueve.

La mariquita adulta sale de su capullo. Ahora tiene alas y élitros. Puede volar de un lugar a otro.

23

Alas en crecimiento

Las chinches y las libélulas sufren
metamorfosis incompleta. Esta
metamorfosis se llama incompleta
porque el insecto no se convierte en
pupa antes de ser adulto. Al nacer,
las ninfas de chinches o de libélulas
tienen el aspecto de las chinches
adultas, pero su cuerpo es más
pequeño y no tiene alas. La ninfa de
chinche que ves arriba no tiene alas.

Las alas

Las ninfas generalmente son muy pequeñas cuando salen de los huevos. El cuerpo les crece cada vez que mudan. Las ninfas mudan varias veces. Con cada muda, las alas se forman un poco más. Cuando las alas están completamente formadas, la ninfa se ha convertido en adulto.

Esta libélula joven ha mudado varias veces. Sus alas están comenzando a formarse.

Las alas de esta libélula están completamente formadas. La libélula ya es un adulto.

El color del exoesqueleto del saltamontes de la familia Pamphagidae *le sirve para confundirse con las rocas y las hojas.*

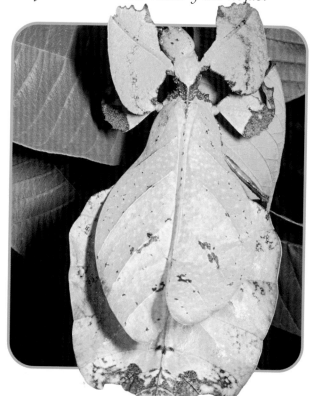

Los insectos tienen muchos depredadores. Las aves, las ranas y los lagartos son algunos de los animales que comen insectos. Los insectos pueden correr o volar para escapar de los depredadores, pero la mejor manera de evitarlos es no dejarse ver.

¿Qué es el camuflaje?

El **camuflaje** les ayuda a los insectos a esconderse. El camuflaje puede consistir en colores, texturas o diseños del cuerpo del animal que le permiten esconderse en su **hábitat** u hogar natural. Observa estas ilustraciones para ver las muchas formas en que el camuflaje les ayuda a los insectos a esconderse.

La forma y el color del cuerpo de este insecto de la familia Phylliidae *se parecen a los de la hoja en la que está el insecto. ¡Es posible que los depredadores no lo vean!*

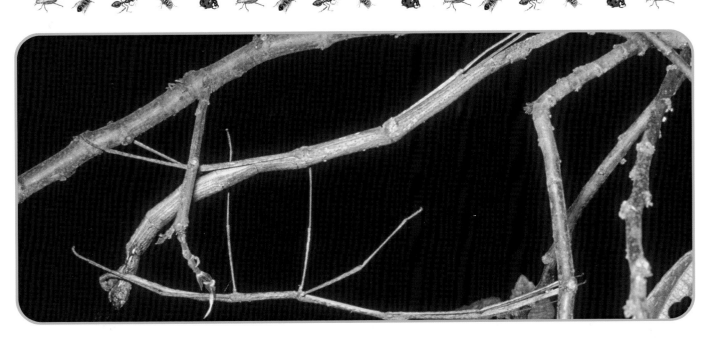

El cuerpo y las patas de estos insectos palo se parecen a las ramas en las que los insectos viven. Es difícil distinguir los dos insectos palo de esta foto. ¿Los ves?

¿Sabías que…?

Algunos insectos, como la mariposa nocturna de la derecha, tienen marcas oscuras y redondas en el cuerpo. Estas marcas se llaman **ocelos**. Los ocelos tienen el aspecto de los ojos de animales más grandes, como los búhos, y pueden engañar a los depredadores. Cuando un depredador se acerca, esta mariposa abre las alas para mostrar los cuatro ocelos. Estos ocelos pueden asustar al depredador y la mariposa tendrá oportunidad de escapar.

¿Insectos o no?

Algunos animales parecen insectos, pero no lo son. Los escorpiones, las arañas, los gusanos, los milpiés, los ácaros y los ciempiés no son insectos. Observa cada uno de estos animales y adivina por qué no son insectos. Luego, lee las respuestas para ver si acertaste.

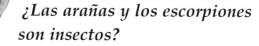

¿Las arañas y los escorpiones son insectos?

Los escorpiones y las arañas no son insectos. Los insectos tienen seis patas, pero las arañas y los escorpiones tienen ocho. ¿Qué clase de animales son? Busca la respuesta en la siguiente página.

escorpión

araña

¿Las lombrices son insectos?
Las lombrices no son
insectos. No tienen
patas ni exoesqueleto.

¿Los milpiés son insectos?
A pesar de su nombre,
los milpiés no tienen
mil patas, pero sí
más de seis.

¿Los ácaros son insectos?
Los ácaros no son insectos.
Las arañas, los escorpiones
y los ácaros pertenecen a
un grupo de animales
llamados **arácnidos**. Los
arácnidos tienen ocho patas.

¿Los ciempiés son insectos?
A pesar de su nombre, este
animal tiene menos de cien
patas, pero más de seis.
Su cuerpo tampoco
consta de tres partes.

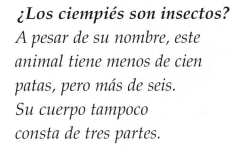

Búsqueda de insectos

Probablemente hay muchas clases de insectos en tu patio. ¡Hay insectos en todas partes! Puedes aprender más sobre los insectos si organizas con tu familia y amigos una **búsqueda de insectos**. ¡Cuantas más personas participen, más te divertirás en esta actividad!

Ten cuidado de no lastimar ningún insecto durante la búsqueda.

Antes de comenzar

Haz una lista de los insectos que esperas hallar en tu patio. Tu lista debe tener unos diez insectos. Asigna un puntaje a cada insecto de la lista y escríbelo junto al nombre del insecto. Por ejemplo, una hormiga puede valer dos puntos y una abeja puede valer cuatro.

¡Comienza la búsqueda!

Busca cada insecto de la lista. Por una marca junto al nombre de los insectos que encuentres. No olvides poner un límite de tiempo. Por ejemplo, los participantes deben encontrar todos los insectos de la lista en una hora. Cuando se acabe el tiempo, pide a todos los participantes que sumen los puntos correspondientes a los insectos que marcaron. La persona que tenga más puntos será la ganadora.

Búsqueda de insectos

mosca............1
hormiga.........2
abeja............4
mariposa.........3
mariquita........6
libélula..........6
¡Agrega más!

Recuérdales a tus amigos y familiares que sólo deben buscar animales que tengan seis patas y cuyo cuerpo esté formado por tres partes. ¡No olvides que muchos insectos también tienen alas!

Glosario

Nota: Es posible que las palabras en negrita que están definidas en el texto no figuren en el glosario.

artrópodo Grupo grande de animales que tienen patas con articulaciones que se doblan y cuerpo formado por segmentos

exoesqueleto Cubierta dura y protectora que cubre el cuerpo de los insectos

hábitat Lugar natural en el que vive un animal

metamorfosis Cambio total del cuerpo de un animal de una forma a otra

mudar Liberación del exoesqueleto y desarrollo de otro más grande

néctar Líquido dulce que se encuentra en las flores

ninfa Insecto joven que todavía no tiene alas

órgano Parte del cuerpo de un animal que cumple una tarea importante. El corazón es un órgano.

presa Animal que sirve de alimento a los depredadores

pupa Etapa entre la larva y el adulto por la que pasan ciertos insectos durante la metamorfosis completa

quitina Sustancia dura que forma el exoesqueleto de los insectos

Índice

1 2 3 4 5 6 7 8 9 0 Impreso en Canadá 5 4 3 2 1 0 9 8 7 6